Pensamentos
vegetarianos

FUNDAÇÃO EDITORA DA UNESP

Presidente do Conselho Curador
Mário Sérgio Vasconcelos

Diretor-Presidente
Jézio Hernani Bomfim Gutierre

Superintendente Administrativo e Financeiro
William de Souza Agostinho

Conselho Editorial Acadêmico
Danilo Rothberg
Luis Fernando Ayerbe
Marcelo Takeshi Yamashita
Maria Cristina Pereira Lima
Milton Terumitsu Sogabe
Newton La Scala Júnior
Pedro Angelo Pagni
Renata Junqueira de Souza
Sandra Aparecida Ferreira
Valéria dos Santos Guimarães

Editores-Adjuntos
Anderson Nobara
Leandro Rodrigues

Coleção
Pequenos Frascos

Voltaire

Pensamentos vegetarianos

Estabelecimento da edição,
notas e posfácio
Renan Larue

Tradução
Constancia Egrejas

Pensées végétariennes de Voltaire
Édition établie, notes et postface par
Renan Larue
© Mille et une nuits, département de la Librairie Arthème Fayard,
janvier 2014 – août 2020 pour la présente édition.

© 2021 Editora Unesp

Direitos de publicação reservados à:
Fundação Editora da Unesp (FEU)
Praça da Sé, 108
01001-900 – São Paulo – SP
Tel.: (0xx11) 3242-7171
Fax: (0xx11) 3242-7172
www.editoraunesp.com.br
www.livrariaunesp.com.br
atendimento.editora@unesp.br

Dados Internacionais de Catalogação na Publicação (CIP)
de acordo com ISBD
Elaborado por Vagner Rodolfo da Silva – CRB-8/9410

V935p
Voltaire
   Pensamentos vegetarianos / Voltaire; organizado por Renan Larue; traduzido por Constancia Egrejas. – São Paulo: Editora Unesp, 2021.

   Tradução de: *Pensées végétariennes*
   Inclui bibliografia.
   ISBN: 978-65-5711-027-0

   1. Filosofia. 2. Ética. 3. Voltaire. 4. Moral – Vegetarianismo.
I. Larue, Renan.   II. Egrejas, Constancia.   III. Título.

2021-630	CDD 170
	CDU 17

Editora afiliada:

Asociación de Editoriales Universitarias
de América Latina y el Caribe

Associação Brasileira de
Editoras Universitárias

Sumário

7 . Nota sobre a edição

Pensamentos vegetarianos

11 . *Capítulo I*
É preciso tomar partido ("Sobre o mal e, em primeiro lugar, sobre o extermínio dos animais")

17 . *Capítulo II*
Tratado sobre a tolerância
(nota do capítulo XII)

23 . *Capítulo III*
Verbete "Animais" do *Dicionário filosófico*

31 . *Capítulo IV*
Verbete "Carne" de *Questões sobre a Enciclopédia*

41 . *Capítulo V*
Elementos da filosofia de Newton
(primeira parte, capítulo V)

45 . *Capítulo VI*
A filosofia da história (Capítulo XVII,
"Da Índia")

49 . *Capítulo VII*
Aventura indiana

55 . *Capítulo VIII*
A princesa da Babilônia

61 . *Capítulo IX*
As cartas de Amabed ("Segunda carta
de Amabed para Xastasid")

65 . *Capítulo X*
O diálogo entre um capão e uma franga

77 . Posfácio: "A gula tem terríveis
preconceitos!" – Renan Larue

89 . Vida de Voltaire

95 . Referências bibliográficas

Nota sobre a edição

Voltaire começa a se interessar pela questão vegetariana por volta de 1761. Esse interesse tardio – ele tinha 68 anos nessa época – parece estar ligado às diversas leituras que fazia quase ao mesmo tempo: o testamento de Jean Meslier, *Emílio* de Rousseau, vários livros sobre o hinduísmo e principalmente o *Tratado da abstinência* (de carne) de Porfírio, ou *Tratado de Porfírio sobre a abstinência de carne dos animais*, que fora recentemente traduzido do grego para o francês (1747). A partir de 1762, o tema vegetarianismo aparece regularmente na obra de Voltaire, porém de modo disperso e alusivo. No entanto, o filósofo dedica vários trechos extensos à matança, à carne, aos animais e aos seus sofrimentos. São esses textos que estão aqui reunidos.

R. L.

Pensamentos
vegetarianos

Capítulo I
É PRECISO TOMAR PARTIDO
("Sobre o mal e, em primeiro lugar, sobre o extermínio dos animais")*

A ideia do bem e do mal só é possível se a estabelecermos em relação a nós. Os sofrimen-

---

* Na segunda metade do século XVIII, o ateísmo começou a aflorar na França. No famoso e sulfuroso sistema da natureza, por exemplo, o barão d'Holbach afirma que "o homem é um ser puramente físico" e que é facilmente possível prescindir do conceito de Deus para explicar o mundo. Voltaire, que é deísta, começa a refutá-lo no panfleto intitulado "É preciso tomar um partido", publicado em 1775. Ele esbarra em várias dificuldades, principalmente a da presença do mal na natureza (ver também *Querelle sur le Mal et la Providence (Lisbonne 1755)*, de Voltaire e Rousseau). A questão do sofrimento dos animais parece, mais do que qualquer outra, insolúvel e até mesmo desfavorável.

tos de um animal nos parecem ruins, porque, sendo animais como eles, protestaríamos muito se nos fizessem a mesma coisa. Teríamos a mesma compaixão com uma árvore se nos dissessem que ela padece quando é cortada e, com uma pedra, ao sabermos que ela sofre ao ser rachada; porém, a comiseração em relação à árvore e à pedra seria muito menor porque se parecem menos conosco. Também logo deixamos de ficar comovidos com a morte medonha dos animais destinados à nossa mesa. As crianças que choram ao presenciarem pela primeira vez um frango ser degolado, na segunda vez, riem.

Por fim, não é correto que essa matança repugnante, exposta permanentemente em nossos açougues e nas nossas cozinhas, não nos pareça um mal, ao contrário, consideramos esse horror, muitas vezes pestilento, como uma benção do Senhor, e ainda possuímos preces nas quais O agradecemos por esses assassinatos.[1] No entanto, há algo mais abominável do que alimentar-se continuamente de cadáveres?

Não somente passamos a vida matando e devorando o que matamos, também todos os animais se esfolam uns aos outros; eles são impulsionados por uma atração invencível. Desde os menores insetos até o rinoceronte e o elefante, a terra não passa de um vasto campo de guerras, emboscadas, carnificina e destruição; não há animal que não tenha sua presa, e que, para pegá-la, utiliza o equivalente da astúcia e da fúria com a qual a execrável aranha atrai a mosca inocente. Um rebanho de ovelhas devora em uma hora mais insetos, ao pastar, do que a quantidade de homens sobre a terra.

E o que é ainda mais cruel é que, nessa horrível cena de assassinatos sempre renovados, vemos evidentemente um propósito estabelecido

---

[1] Essas preces são o *benedictus* que precede a refeição e as graças que o acompanham.

em perpetuar todas as espécies pelos cadáveres ensanguentados de seus mútuos inimigos. Essas vítimas só morrem depois que a natureza tenha providenciado cuidadosamente o fornecimento de novas vítimas. Tudo renasce para o assassinato.

No entanto, não vejo nenhum moralista entre nós, nenhum dos nossos loquazes oradores, sequer um de nossos beatos, que faça a mínima reflexão sobre esse terrível costume, que entre nós se tornou natural. Temos de recuar até ao piedoso Porfírio e aos compassivos pitagóricos[2]

---

2 Pitágoras, originário de Samos, viveu na Grécia e no sul da Itália no século VI a.C. Matemático e filósofo, fundou em Crotona uma escola filosófica e uma comunidade de discípulos iniciados, submetidos a várias regras, entre as quais as dietéticas (a maioria era vegetariano como ele). Na tradição referente à trajetória de Pitágoras, consta que ele recebeu várias iniciações durante sua juventude e na idade adulta: primeiramente os mistérios, depois, do lado da Fenícia, em Sidon, ele foi instruído pelo pensamento naturalista e atomista de Mokhos, e finalmente foi para o Egito estudar geometria e astronomia… Para alguns, Pitágoras

para encontrar alguém que nos encha de vergonha por nossa sangrenta voracidade, ou então temos de viajar até os brâmanes;[3] porque, para nossos monges, que o capricho de seus fundadores os levou à renúncia da carne, eles são assassinos de linguados e de rodovalhos, se não forem de perdizes e de codornas.[4] Nem entre

---

foi em seguida para a Babilônia, mesmo até à Índia para encontrar-se com os "magos".

Porfírio, filósofo neoplatônico do século III, é o autor de *Contra os cristãos* e *Tratado da abstinência*, extensa e erudita apologia ao vegetarianismo. Neste último texto, Porfírio se dirige a Firmo, um de seus amigos mais próximos, que tinha "voltado para o pasto carnal" depois de ter sido vegetariano por vários anos. O *Tratado da abstinência* foi traduzido pela primeira vez para o francês pelo abade Burigny, em 1747, que enviou um exemplar do texto para Voltaire em 1761.

3 Os brâmanes são os membros da mais alta casta do hinduísmo. O vegetarianismo entre eles ficou célebre no século XVIII e fazia parte dos comentários dos exploradores, historiadores e filósofos europeus.

4 Os monges não consomem nenhum ser vivo, mas não é por sentimento de compaixão, nem para obter uma alma mais dócil, mais distante da violência, nem para se acostumar

os monges, nem no Concílio de Trento,[5] nem em nossas assembleias do clero, nem em nossas academias, ninguém ainda ousou dar o nome de mal à essa carnificina universal. Tampouco nos concílios ou nos bistrôs.

---

    com a temperança, tão necessária ao homem desejoso de se tornar independente dos acontecimentos, nem para manter mais íntegro um entendimento que eles juraram nunca usar. Esses eram os motivos dos filósofos discípulos de Pitágoras. Nossos pobres trapistas se alimentam mal apenas por passatempo; o que julgam bem adequado para divertir o ser dos seres. (Nota de Voltaire.)

5 O Concílio de Trento (1542-1563), um dos mais significativos da história do catolicismo, foi a principal reação da Igreja diante do surgimento do protestantismo; diversos e muito importantes pontos da doutrina foram discutidos pelos teólogos.

Capítulo II
TRATADO SOBRE A TOLERÂNCIA
(NOTA DO CAPÍTULO XII)*

Com a intenção que temos de trazer para esta obra algumas notas úteis, observamos aqui, como é dito, que Deus fez uma aliança com Noé e com todos os animais; contudo, ele permitiu que Noé "comesse tudo que tivesse vida e movimento"; apenas não incluiu o san-

---

* Voltaire publicou o *Tratado sobre a tolerância* em 1763, por ocasião do processo de Jean Calas – rico comerciante de Toulouse, protestante –, suspeito do assassinato do seu filho suicida, que juízes católicos se precipitaram em condenar. Cabe destacar que, nessa defesa da humanidade, Voltaire insere suas reflexões sobre o sofrimento animal.

gue, que não permitia que servisse de alimento. Deus acrescentou "que ele se vingaria de todos os animais que derramassem o sangue do homem".[1]

Podemos inferir dessas passagens e de várias outras o pensamento de toda a Antiguidade até nossos dias, e o de todos os homens sensatos, ou seja, que os animais possuem alguma consciência. Deus não fez um pacto com as árvores e com as pedras, que não possuem sentimento; porém, o fez com os animais, a quem concedeu um sentimento muitas vezes mais refinado que o nosso; e algumas ideias necessariamente ligadas a esse sentimento. Por isso, ele não quer que cometamos a barbárie de nos alimentar do sangue deles, porque, na realidade, o sangue é a fonte da vida e, consequentemente, do sentimento. Privar um animal de todo seu sangue, significa que todos seus órgãos ficam

---

1 Voltaire refere-se à Gênese, IX, 1-6.

inativos. Portanto, é por isso, e com bastante razão, que a Escritura afirma em vários trechos que a alma, isto é, o que era chamado de alma sensitiva, está no sangue; e essa ideia tão natural foi a de todos os povos. É sobre essa ideia que está fundamentada a comiseração que temos de ter pelos animais. Dos sete mandamentos das noaicas[2] aceitos entre os judeus, há um que proíbe comer o membro de um animal vivo. Esse mandamento prova que os homens tinham a crueldade de mutilar os animais para comer seus membros extirpados, e que eles os deixavam viver para continuar a comer outras partes de seus corpos. Esse costume subsistiu entre alguns povos bárbaros, como visto nos sacrifícios da ilha de Quios, para Baco Omadios,

---

2 As leis "noaicas" ou "noachides" são os sete mandamentos ordenados por Deus a Noé. Não são apenas dirigidos aos judeus, porém a toda humanidade. Um deles, o sétimo, na verdade proíbe o consumo da carne tirada de um animal ainda vivo.

o comedor de carne crua. Deus, ao permitir que os animais nos sirvam de alimento, no entanto, recomenda certa humanidade para com eles. Devemos admitir que existe selvageria em fazê-los sofrer; somente o hábito faz que diminua em nós o horror natural de matar um animal que criamos com nossas mãos. Sempre houve povos escrupulosos em relação a isso: esse escrúpulo dura ainda na península da Índia; toda a seita de Pitágoras, na Itália e na Grécia, que se abstiveram constantemente de comer carne. Porfírio, em seu livro *De l'abstinence* [Da abstinência], repreende um aluno seu por ter abandonado a seita para se entregar ao apetite bárbaro.

Ao que me parece, é preciso ter renunciado ao saber natural para ousar afirmar que os animais são somente máquinas. Há uma flagrante contradição em concordar que Deus forneceu aos animais todos os órgãos do sentimento e alegar que não lhes deu sentimento.

Parece-me ainda que é preciso nunca ter observado os animais para não distinguir entre eles as diferentes vozes da necessidade, do sofrimento, da alegria, do temor, do amor, da cólera e de todas suas afeições; seria muito estranho que eles expressassem tão bem o que não sentem.

Essa observação pode fornecer muitas reflexões aos espíritos formados sob o poder e a bondade do Criador, que se digna a conceder a vida, o sentimento, as ideias, a memória aos seres que ele próprio organizou com sua mão toda poderosa. Não sabemos nem como esses órgãos se formam, nem como se desenvolvem, nem como recebemos a vida, tampouco por quais leis os sentimentos, as ideias, a memória, a vontade estão ligados a essa vida; e nessa profunda e eterna ignorância, inerente à nossa natureza, continuamos a nos rivalizar, a nos perseguir, uns aos outros, como os touros que lutam com seus chifres sem saber por que e como eles têm chifres.

Capítulo III
Verbete "Animais"
do *Dicionário filosófico**

Que dó, que pobreza, ter dito que os animais são máquinas privadas de conhecimento e de sentimento, que agem sempre da mesma maneira, que nada aprendem, nem se aprimoram etc.[1]

---

* O século XVIII é a era dos dicionários. Voltaire apresenta o seu em 1764 e explica no prefácio que "este livro não exige uma leitura contínua; em qualquer lugar que se abra, encontra-se algo para refletir". O verbete "Animais" é principalmente contra Descartes e sua famosa teoria dos animais-máquinas, desenvolvida no *Discurso do método*, publicado em 1637, bem como na sua carta datada de 16 de novembro de 1646 ao Marquês de Newcastle.

1 Descartes recusa aos animais a linguagem e a faculdade de pensar. Ele escreve ao Marquês de Newcastle: "Eu sei muito

O quê? Esse pássaro que faz seu ninho em semicírculo quando ele o amarra a um muro, que o constrói em quarto de círculo quando se trata de um ângulo, e em círculo sobre uma árvore; esse pássaro faz tudo do mesmo jeito? O cão de caça que você treinou durante três meses não sabe mais, no final desse período, do que sabia no início das lições? O canário ao qual você ensina uma ária não a repete imediatamente? Você não leva certo tempo para ensiná-lo? Não percebeu que ele se confunde e que se corrige?

É porque eu falo com você que você julga que eu tenho sentimento, memória, ideias? Pois bem! Eu não falo com você; você me vê entrar na minha casa com ar aflito, procurar um papel preocupado, abrir a escrivaninha em que

---

bem que os animais fazem muitas coisas melhores do que nós, mas não me espanto porque isso prova que eles agem naturalmente e por competência, assim como um relógio que mostra as horas, muito melhor do que nossa apreciação nos ensina".

me lembro de tê-lo guardado, encontrá-lo, lê-lo com alegria. Você irá supor que experimentei o sentimento da aflição e o do prazer, que tenho memória e conhecimento.

Transporte, portanto, o mesmo julgamento para esse cão que perdeu seu dono, que o procurou por todos os lados com ganidos dolorosos, que entra em casa agitado, preocupado, que sobe e desce, vai de quarto em quarto, que finalmente encontra no escritório o dono que ele ama e que lhe mostra sua alegria por meio de seus doces grunhidos, pelos seus saltos, por suas carícias. Bárbaros agarram esse cão, que é imensamente superior ao homem em amizade; eles o amarram numa mesa e o dissecam vivo para expor as veias mesaraicas.[2] Você descobre dentro dele os mesmos órgãos que estão dentro de você. Responda-me, maquinista, a natureza

---

2 As veias "mesaraicas" ou "mesentéricas" drenam o sangue da parte mediana do intestino grosso.

dispôs todas as competências do sentimento dentro desse animal para que ele não sinta? Ele tem nervos para ficar impassível? Impossível presumir tal impertinente contradição na natureza.

Mas os mestres da escola perguntam o que é a alma dos animais. Eu não entendo essa pergunta. Uma árvore tem a faculdade de receber em suas fibras sua seiva que circula, de desabrochar os botões de suas folhas e de seus frutos; você me perguntará o que é a alma dessa árvore? Ela recebeu esses dons; o animal recebeu os do sentimento, da memória, de uma série de ideias. Quem fez todos esses dons? Quem deu todas essas faculdades? Aquele que fez crescer a relva dos campos e que faz a Terra gravitar em torno do Sol.

As almas dos animais são formas substanciais, disse Aristóteles: e depois de Aristóteles, a escola árabe; e depois da escola árabe, a escola angélica; e depois da escola angélica, a Sorbonne; e depois da Sorbonne, ninguém no mundo.[3]

"As almas dos animais são materiais", clamam outros filósofos. Esses não evoluíram mais do que os outros. Em vão, perguntaram a eles o que é uma alma material: é preciso que eles admitam que é a matéria que tem a sensação. Mas quem lhe deu essa sensação? É uma alma material, isto é, é a matéria que dá sensação à matéria; eles ficam rodando em círculos.

Ouça outros animais refletindo sobre os animais: a alma deles é um ser espiritual que morre com o corpo; mas que prova eles têm disso? Que ideia você tem desse ser espiritual, que, na

---

[3] A escola árabe é aquela que, no Ocidente, reivindica o filósofo Averróis (1126-1198), que se inspirou fortemente na obra do filósofo grego Aristóteles. A escola angélica é aquela que foi fundada por aqueles que se inspiraram na obra de São Tomás de Aquino (1225-1274), chamado de "doutor angélico" e que criou uma síntese entre a teologia e a filosofia aristotélica. Sua influência foi considerável entre os teólogos, inclusive entre os que ensinavam na Sorbonne.

verdade, tem sentimento, memória e sua dose de ideias e de combinações, mas que nunca poderá saber o que uma criança de 6 anos sabe? Sobre que fundamento você concebe que esse ser, que não é corpo, perece com o corpo? As maiores bestas são aquelas que alegaram que essa alma não é corpo nem espírito. Eis aí um belo sistema. Só podemos compreender como espírito algo de desconhecido que não seja corpo: desse modo, o sistema desses senhores volta ao mesmo, que a alma dos animais é uma substância que não é nem corpo, nem qualquer coisa que não seja corpo.

De onde podem ter originado tantos erros contraditórios? Do costume que os homens sempre tiveram de examinar o que é uma coisa antes de saber que ela existe. Chamamos de lingueta, a válvula de um fole, a alma do fole. O que é essa alma? É um nome que dei a essa válvula, que abaixa, deixa o ar entrar, levanta e o empurra através de um tubo quando eu movo o fole.

Não há uma alma distinta da máquina. Mas quem faz mover o fole dos animais? Eu já disse para vocês, Aquele que faz mover os astros. O filósofo que disse: *Deus est anima brutorum*, tinha razão; mas ele deveria ter ido mais longe.[4]

---

4 Essa fórmula latina ("Deus é a alma dos animais") é encontrada em um artigo das *Nouvelles de la République des lettres* [Notícias da República das letras] (outubro, 1700, p.420), cujo autor, Jacques Bernard, afirma que "parece ter lido essa tese em algum lugar". Bayle cita esses propósitos de Bernard no verbete "Rorarius" do *Dictionnaire historique et critique* [Dicionário histórico e crítico]. Talvez essa seja a fonte de Voltaire.

Capítulo IV
Verbete "Carne"
de *Questões sobre a Enciclopédia*[*]

Carne, carne proibida, carne perigosa – Breve exame dos preceitos judeus e cristãos, e dos antigos filósofos

Viande ["carne"] vem, sem dúvida, de *victus*, o que alimenta, o que sustenta a vida; de *victus*

---

[*] *Questões sobre a Enciclopédia* é uma obra copiosa e monumental cujos nove volumes foram publicados entre 1770 e 1772. Apesar do título da obra, as 440 "questões" formuladas por Voltaire tem pouco a ver com a Enciclopédia de Diderot. O patriarca de Ferney renunciou à exaustividade e à sistematização; os artigos possuem uma estrutura mais solta e deixam um lugar reduzido para as ciências e técnicas. O artigo "Carne", por exemplo, não trata do trabalho dos açougueiros ou da carne dos mamíferos, mas sobre os motivos que levaram as pessoas a se abster da carne.

originou *viventia*; de *viventia*, carne.[1] Essa palavra deveria ser aplicada a tudo aquilo que se come, mas por uma excentricidade de todas as línguas seu uso recusou essa denominação ao pão, laticínio, arroz, legumes, frutas, peixe, e sua aplicação coube apenas aos animais terrestres. Isso parece ir contra a razão, porém, isso é prerrogativa de todas as línguas e daqueles que as fizeram.

Alguns cristãos primitivos tiveram o zelo de comer o que era ofertado aos deuses, não importando a natureza. São Paulo não aprovou essa atitude. Ele escreve aos Coríntios: "Não é o que comemos que nos torna agradáveis a Deus.

---

1 Essa análise etimológica é válida para a palavra francesa *viande* (carne). Dessa raiz, *victus*, citada por Voltaire, originou a palavra em língua portuguesa "virtualhas" (mais usada no plural) que significa víveres, provisão de alimentos. A palavra "carne" vem do latim *caro*, *carnis* (gen.), que é carne de animais como alimento; corpo por oposição a espírito. (N. T.)

Se comermos, não teremos nada de mais diante Dele, nem nada de menos se não comermos".[2] Ele apenas exorta a não se alimentar de carnes imoladas aos deuses diante daqueles irmãos que poderiam ficar escandalizados. Depois disso não vemos o motivo por que ele trata tão mal São Pedro e o censura por ter comido carnes proibidas com os gentios.[3] Aliás, observamos

---

[2] Primeira carta aos Coríntios, Capítulo VIII. (Nota de Voltaire.)

[3] "Gentios" são aqueles que não pertencem à comunidade judaica. Até então era proibido aos judeus juntarem-se à mesa dos gentios porque eles consumiam alimentos que não estavam em conformidade com a "Cashrut", isto é, o conjunto de regras alimentares prescritas no judaísmo. Os primeiros cristãos, que procuravam converter não somente os judeus, mas também todos os que não o são, decidiram abandonar a distinção entre alimentos "adequados" e "proibidos". Eles compreenderam que, na realidade, era mais fácil pregar o evangelho aos homens e às mulheres de todas as nações se pudessem compartilhar suas refeições. Para se tornar "universal", era preciso que a Igreja se tornasse onívora. No entanto, o abandono da Cashrut não se fez cal-

nos Atos dos apóstolos que era consentido a Simão Pedro comer de tudo indiferentemente, porque um dia ele viu o céu aberto e uma grande toalha descer à terra, suspensa pelos quatro cantos do céu. Nela havia todas as espécies terrestres de quadrúpedes, todas as espécies de pássaros e répteis (ou animais que nadam), e uma voz lhe gritou: "Mate e coma".[4]

Vocês observarão que a Quaresma e os dias de jejum não tinham ainda sido instituídos. Tudo sempre foi feito gradualmente. Podemos dizer aqui, para consolação dos fracos, que a contenda de São Pedro e São Paulo não deve nos assustar. Os santos são homens. Paulo começou sendo o carcereiro e até mesmo o carrasco dos discípulos de Jesus.[5] Pedro tinha

---

mamente, como provam as desavenças entre Pedro e Paulo mencionadas por Voltaire.

4 Atos, capítulo X. (Nota de Voltaire.)
5 Antes de se converter ao cristianismo, Paulo de Tarso (que era chamado então de Saulo) havia, na realidade, partici-

renegado Jesus, e vimos que a Igreja nascente, sofredora, militante, triunfante, foi sempre dividia, desde os ebionitas aos jesuítas.

Penso que os brâmanes, bem anteriores aos judeus, poderiam ter sido divididos também; mas acabaram sendo eles os primeiros que impuseram a lei de não comer nenhum animal. Como acreditavam que as almas passavam e repassavam do corpo humano para o dos animais, eles não queriam comer seus parentes. Talvez a verdadeira razão fosse o medo que tinham de os homens se acostumarem com a carnificina, infundindo assim hábitos selvagens.

Sabe-se que Pitágoras, que estudou com eles a geometria e a moral, adotou essa doutrina humana e a transportou para a Itália. Seus discípulos a seguiram durante muito tempo: os célebres filósofos Plotino, Jâmblico e Porfírio

---

pado do apedrejamento de Santo Estêvão e era inimigo declarado dos cristãos.

a recomendaram e até a praticaram, embora seja muito raro fazer o que se prega.[6] A obra de Porfírio sobre a abstinência de carnes, escrita na metade do nosso século III, muito bem traduzida em nossa língua pelo sr. de Burigny é muito apreciada pelos eruditos; porém, ela não fez mais discípulos entre nós do que o livro do médico Hecquet.[7] Foi em vão a proposta de Porfírio de apresentar como modelos os brâmanes e os magos persas da primeira classe, que tinham horror ao costume de engolir em suas entranhas as entranhas de outras criaturas;

---

6 Tanto Jâmblico quanto Porfírio escreveram uma biografia de Pitágoras no século III d.C.; ambos mencionam a recusa em consumir carne de animal. Plotino, fundador da escola neoplatônica, já era, provavelmente, alguns anos antes, vegetariano.

7 Philippe Hecquet foi o autor, em 1709, do *Traité des dispenses du carême* [Tratado da dispensa da Quaresma], no qual afirma que o regime vegetal é o mais apropriado à fisiologia humana. Esse ponto de vista será severamente contestado pela maioria dos médicos de seu tempo.

atualmente, ele é seguido apenas pelos padres da Trappe.[8] A obra de Porfírio é dirigida a um dos seus ex-discípulos, Firmo, que dizem ter se tornado um cristão para ter a liberdade de comer carne e beber vinho.

Ele adverte Firmo que, ao se abster da carne e dos licores fortes, conserva-se a saúde da alma e do corpo, vive-se mais tempo e com mais inocência. Todas suas reflexões são de um teólogo escrupuloso, de um filósofo rigoroso e de uma alma dócil e sensível. Ao lê-lo, temos a impressão que esse grande inimigo da Igreja é um padre da Igreja.

Ele não fala de metempsicose, mas olha os animais como nossos irmãos porque eles são animados como nós, têm os mesmos princípios

---

8 Os monges da Abadia da Trappe, ou "trapistas", ficaram conhecidos, no século de Voltaire, por adotarem um severo regime ao longo do ano, incluindo em especial a abstinência de carne. A motivação deles é essencialmente de natureza ascética.

de vida e, como nós, têm ideias, sentimento, memória, habilidade. Só falta a eles a palavra; se eles a tivessem, ousaríamos matá-los e comê--los? Ousaríamos cometer esses fratricídios? Quem é o bárbaro que poderia assar um cordeiro se esse cordeiro nos conjurasse com um discurso comovente para que não nos tornemos ao mesmo tempo assassinos e antropofágicos?

Esse livro prova, pelo menos, que houve entre os gentios filósofos da mais rigorosa virtude; porém, não conseguiram prevalecer sobre os açougueiros e os gulosos.

É preciso observar que Porfírio faz um elogio bem favorável aos essênios.[9] Ele tem grande consideração por eles embora, às vezes, comessem carne. A questão então é saber quem seria o mais virtuoso, os essênios, os pitagóricos, os

---

9 Os essênios formam, do século II a.C. ao século I d.C., o terceiro maior grupo da sociedade judia na província da Síria, atrás dos fariseus e dos saduceus. Porfírio elogia essa rigorosa seita no quarto livro do *Tratado da abstinência*.

estoicos ou os cristãos. Quando as seitas formam um pequeno rebanho, seus costumes são puros; eles degeneram assim que elas se tornam poderosas.

> *La gola, il dado e l'oziose piume*
> *Hanno dal mondo ogni virtù sbandita.*[10]

---

10 "A gula, o jogo e a preguiça baniram toda virtude do mundo".

Capítulo V
Elementos da filosofia de Newton
(primeira parte, capítulo V)*

Existe [...] no homem uma disposição para a compaixão geralmente tão disseminada quanto os outros instintos: Newton cultivara esse sentimento de humanidade e o estendera até aos

---

* Voltaire tenta em vão encontrar-se com Isaac Newton, pai da física moderna e um dos mais ilustres homens de seu século, durante seu exílio na Inglaterra em 1727, no entanto, só consegue se encontrar com sua sobrinha, que lhe narra o famoso episódio da maçã. Alguns anos mais tarde, com o apoio de Émilie du Châtelet, Voltaire começa a divulgar os trabalhos científicos e o pensamento moral do grande homem. O texto *Elementos da filosofia de Newton* é publicado em 1738.

animais; tinha forte convicção, junto a Locke,[1] de que Deus forneceu aos animais (que parecem ser apenas matéria) uma série de ideias, e os mesmos sentimentos que nos foram dados. Ele não podia pensar que Deus, que não faz nada em vão, pudesse dar aos animais órgãos de sentimento para que eles não tivessem sentimento.

Pensava ser uma terrível contradição acreditar que os animais sentem e fazê-los sofrer. Nesse ponto, sua moral estava de acordo com sua filosofia. Era com repugnância que cedia ao costume bárbaro de se alimentar com sangue e carne de seres semelhantes a nós, que afagamos todos os dias; e ele nunca permitiu em sua casa

---

1 No seu famoso *Ensaio sobre o entendimento humano*, John Locke (1632-1704) contesta vigorosamente a teoria de Descartes e de todos que o apoiam de que "os cães e os elefantes não pensam, embora deem todas as demonstrações imagináveis disso, salvo que eles próprios não nos dizem" (livro II, seção 1, cap. 9).

que os animais morressem de morte lenta e apurada, para deixar o alimento mais delicioso.

Essa compaixão que tinha pelos animais se transformava em verdadeira caridade para os homens. De fato, sem humanidade, virtude que engloba todas as virtudes, ninguém mereceria o nome de filósofo.

Capítulo VI
A filosofia da história
(Capítulo XVII, "Da Índia")[*]

Se for permitido fazer conjecturas, os indianos, aos arredores do Ganges, talvez sejam os

---

[*] Voltaire começa a se interessar pela Índia apenas no começo de 1760, ou seja, muito tarde. Porém, sua curiosidade é tão grande que lê em poucos meses todas as obras e relatórios sobre o país dos brâmanes. Ele conclui que a civilização indiana é a mais antiga do mundo e que a teologia judaico-cristã é apenas uma recente imitação das verdades sublimes contidas nas vedas. Em seu livro *A filosofia da história*, publicado em 1765, Voltaire examina, entre outras coisas, o regime alimentar dos hindus. O vegetarianismo adotado por eles há milênios poderia explicar, segundo o filósofo, a doçura deles; e seria também, e principalmente, uma prova antropológica da antiguidade dessa civilização.

homens mais antigos agrupados como povo. É certo que o terreno onde os animais encontram pasto mais facilmente fica logo ocupado pela espécie que ele pode alimentar. Entretanto, não há região no mundo em que a espécie humana tenha ao alcance alimentos mais saudáveis, mais agradáveis e, ademais, com maior abundância do que nos arredores do Ganges. O arroz cresce ali sem ser cultivado; o coco, a tâmara, o figo oferecem por todos os lados deliciosas iguarias; a laranjeira, o limoeiro fornecem ao mesmo tempo bebidas refrescantes e nutritivas; as canas-de-açúcar estão ao alcance da mão; as palmeiras e as figueiras com folhas largas proporcionam as mais frondosas sombras. Não há necessidade, nesse clima, em tosar os rebanhos para proteger suas crianças dos rigores das estações; lá elas ainda são criadas nuas até a puberdade. Nunca houve a obrigação, nesse país, de arriscar a vida atacando os animais para mantê-la alimentando-se de seus membros dilacerados, como tem sido feito em quase todos os outros lugares [...].

O que mais me surpreende na Índia é essa antiga opinião da transmigração das almas que se estendeu com o tempo até à China e à Europa. Não que os indianos soubessem o que era uma alma, mas eles imaginavam que esse princípio, aéreo ou ígneo, iria sucessivamente animar outros corpos. Observemos atentamente esse sistema de filosofia que mantém os costumes. Era grande freio para os perversos o medo de serem condenados por Vishnu e por Brahma, e se tornarem o mais desprezível e o mais infeliz dos animais. Logo veremos que todos os grandes povos tinham noção de uma outra vida, embora com noções diferentes. Vejo, entre os antigos impérios, que apenas os chineses não estabeleceram a doutrina da imortalidade da alma. Seus primeiros legisladores promulgaram apenas leis morais; eles acreditavam que bastava exortar os homens à virtude e forçá-los a isso através de uma vigilância severa.

Os indianos tiveram um freio adicional ao aderirem à doutrina da metempsicose; o medo de matar seu pai ou sua mãe ao matar homens e animais inspirou-lhes horror ao assassinato e a qualquer violência, que se tornou entre eles uma segunda natureza. Por isso, todos os indianos cujas famílias não são aliadas nem aos árabes, nem aos tártaros, hoje ainda são os mais dóceis de todos os homens. A religião e a temperatura do clima tornaram essas pessoas muito parecidas com esses animais mansos que criamos em nossos currais e pombais para matá-los conforme nosso prazer.

Capítulo VII
Aventura indiana[*]

Pitágoras, por ocasião de sua estadia na Índia, aprendeu, como é sabido por todos, na escola dos gimnosofistas,[1] a linguagem dos animais e a das plantas. Um dia, passeando por um campo perto da borda do mar, ouviu es-

---

[*] Este conto, de poucas páginas, data de 1766, ano da decapitação do cavaleiro de La Barre. O texto traz a marca desse funesto acontecimento e constitui uma boa ilustração do que Voltaire chama de "carnificina universal".

[1] Os gimnosofistas [ou ginosofistas] (literalmente, "filósofos nus") são os ascetas hindus descritos pelos historiadores gregos da Antiguidade.

sas palavras: "Como sou infeliz por ter nascido grama: mal alcanço duas polegadas de altura e vem um monstro devorador, um animal horrível que me pisoteia com seus enormes pés; sua boca está armada com uma fileira de falsos gumes, com a qual ele me corta, me dilacera e me engole. Os homens chamam esse monstro de *carneiro*. Não acredito que haja no mundo uma criatura mais abominável".

Pitágoras avança um pouco mais e encontra uma ostra que bocejava em cima de um pequeno rochedo; ainda não tinha aderido a essa admirável lei segundo a qual é proibido comer os animais, nossos semelhantes. Ele ia engolir a ostra quando ela pronunciou estas palavras comoventes: "Oh, natureza! Como a grama, assim como eu, é obra sua, é feliz. Quando ela é cortada, ela renasce, ela é imortal; e nós, pobres ostras, somos protegidas inutilmente por dupla couraça; criminosos nos comem às dúzias durante o almoço, e está consumado. Que espantoso destino o de uma ostra, e como os homens são bárbaros!"

Pitágoras estremeceu e percebeu a enormidade do crime que estava por cometer; chorando, pediu desculpas à ostra e a recolocou de novo sobre o rochedo.

Ao voltar para a cidade, pensando compenetrado nessa aventura, avistou aranhas que estavam comendo moscas, andorinhas que comiam aranhas, gaviões que comiam andorinhas. Todas essas criaturas, ele disse, não são filósofos.

Pitágoras, ao voltar, foi atingido, esmagado, jogado ao chão por uma multidão de malfeitores que corriam e gritavam: "É bem feito, é bem feito, eles mereceram!" "Quem? O quê?", perguntou Pitágoras, ao levantar-se; e as pessoas continuavam a correr, dizendo: "Ah, como teríamos prazer em vê-los sendo cozidos!"

Pitágoras pensou que eles estavam falando de lentilhas ou de algum outro legume. Absolutamente. Falavam de dois pobres indianos.

"Ah, sem dúvida", disse Pitágoras, "são dois grandes filósofos que se cansaram da vida; eles estão muito felizes em renascer sob outra forma: há prazer em mudar de casa, embora possa estar sempre mal alojados; não se deve discutir gostos."

Ele caminhou com a multidão até à praça pública, e lá viu uma grande fogueira acesa; em frente a essa fogueira, um banco chamado de *tribunal*, e sobre esse banco, juízes, e esses juízes todos seguravam um rabo de vaca na mão e usavam uma touca que se assemelhava perfeitamente às duas orelhas do animal que Sileno carregava quando outrora viera ao país com Baco, depois de ter atravessado o mar da Eritreia sem se molhar e de ter parado o Sol e a Lua, como relatado fielmente nos *órficos*.[2]

---

[2] Essa alusão aos órficos, poemas cosmogônicos redigidos pelos adeptos de Orfeu, é fantasiosa. Sileno, frequentemente representado sentado sobre um burro, é mentor e companheiro de Baco.

Havia entre esses juízes um homem muito próximo de Pitágoras. O filósofo da Índia explicou ao filósofo de Samos do que se tratava a festa que seria dada ao povo hindu.

"Os dois indianos", ele disse, "não desejam de modo algum ser queimados; meus austeros confrades os condenaram a esse suplício, um por ter dito que a substância de Xáquia não é a substância de Brahma,[3] e o outro por ter suposto que era possível agradar ao Ser supremo pela virtude, sem segurar, ao morrer, uma vaca pelo rabo, porque, dizia, é possível ser virtuoso todo o tempo, e nem sempre encontra-se uma vaca no momento propício.[4] As mulheres da cidade ficaram tão assustadas com essas duas

---

3 Brahma é um dos três principais deuses do panteão hindu, é ao mesmo tempo o deus criador e a substância do mundo. Xáquia (ou melhor Sakyamuni, isto é, "o sábio dos Sakyas") é outro nome de Buda.
4 No século XVIII, vários viajantes relataram que os hindus viam como uma ação particularmente santa o fato de morrer segurando entre as mãos o rabo de uma vaca.

proposições heréticas que não deram descanso aos juízes até que ordenassem a execução desses dois infelizes."

Pitágoras julgou que, desde a grama até ao homem, havia muita contrariedade. Portanto, ele conseguiu convencer os juízes e até os devotos; e isso aconteceu uma única vez.

Em seguida, foi pregar a tolerância em Crotona, mas um intolerante pôs fogo em sua casa: ficou queimado, ele, que havia salvo dois hindus das chamas. *Salve-se quem puder!*

Capítulo VIII
A princesa da Babilônia[*]

Ela soluçava e, em prantos, exclamava:
— Eu não o verei mais; ele não voltará.
— Ele voltará, senhora — respondeu-lhe o pássaro do alto da sua laranjeira. — É possível ter visto a senhora e não mais revê-la?

---
[*] Belus, rei da Babilônia, na Caldeia, quer casar sua filha, a jovem e bela Formosante. Ele organiza um grande torneio composto de diversas provas, durante as quais se confrontarão vários pretendentes vindos dos quatro cantos do mundo. Formosante sucumbe aos encantos de um deles, que parece ter todas as qualidades exigidas por Belus, mas que foge precipitadamente. Ele só tem tempo de oferecer-lhe um pássaro com magnífica plumagem. Este conto, publicado em 1768, é sem dúvida um dos mais belos de Voltaire.

— Oh, céu! Oh, poderes eternos! Meu pássaro fala o puro caldeu! — Ao dizer essas palavras, fechou suas cortinas, estendeu-lhe os braços e ajoelhou-se na sua cama: — Você é um deus que desceu à terra? Você é o grande Orosmade escondido sob essa bela plumagem?[1] Se você for um deus, devolva-me esse belo moço.

— Sou apenas um volátil — respondeu o outro —, mas nasci no tempo em que todos os animais ainda falavam, em que os pássaros, as serpentes, as mulas, os cavalos e os grifos conversavam familiarmente com os homens. Eu não quis falar diante de todo mundo com medo de que suas damas de companhia me vissem como um feiticeiro. Quero me revelar apenas para você.

Formosante, confusa, perdida, inebriada com tantas maravilhas, agitada pela pressa em

---

[1] Aúra Masda, ou Ormasde, é o deus criador, venerado pelos seguidores do zoroastrismo. O zoroastrismo era a religião dos persas que conquistaram a Babilônia no século VI a.C.

fazer cem perguntas ao mesmo tempo, perguntou-lhe primeiramente qual era a idade dele.

– Vinte e sete mil novecentos anos e seis meses, senhora. Tenho a mesma idade da pequena revolução do céu que vossos magos chamam de *precessão dos equinócios* e que acontece nos quase 28 mil de seus anos.[2] Existem revoluções muito mais longas, por isso temos seres muito mais velhos do que eu. Há 22 mil anos aprendi o caldeu durante uma das minhas viagens. Sempre tive muito apreço pela língua caldeia, mas os outros animais, meus camaradas, desistiram de falar por essas regiões.

– E por que isso, meu pássaro divino?

– Ah, infelizmente porque os homens finalmente adquiriram o hábito de nos comer em

---

2 Na verdade, atribui-se aos astrônomos babilônicos a descoberta da mudança do eixo de rotação da Terra e do ciclo de precessão desse eixo, isto é, do tempo que é preciso para encontrar exatamente a mesma posição, que é aproximadamente 26 mil anos.

vez de conversar e se instruírem conosco. Os bárbaros! Eles não deviam estar convencidos de que tendo os mesmos órgãos que eles, os mesmos sentimentos, as mesmas necessidades, os mesmos desejos, tínhamos o que se chama de alma, assim como eles? Que éramos seus irmãos e que não deviam cozinhar e comer senão os malvados? Somos tanto seus irmãos quanto o grande Ser, o Ser eterno e formador, tendo feito um pacto com os homens, nos incluiu expressamente no tratado. Ele proibiu vocês de se alimentar de nosso sangue, e nós, de sugar o de vocês.

— As fábulas do ancestral Locman,[3] traduzidas em muitas línguas, serão testemunho que subsistirá eternamente do feliz comportamento que outrora vocês tiveram conosco. Todas as

---

3 Luqman, ou Locman, é um fabulista que teria vivido no século XI a.C. Uma coletânea de fábulas atribuídas falsamente a Locman e traduzidas do árabe para o latim circulou na Europa no século XVII.

fábulas começam com estas palavras: *No tempo em que os animais falavam*. É verdade que há muitas mulheres entre vocês que sempre falam com seus cães, mas eles resolveram não responder desde que foram forçados a caçar sob chicotadas e de serem cúmplices dos assassinatos de nossos antigos amigos habituais, os cervos, os gamos, as lebres e as perdizes.

Vocês ainda possuem antigos poemas em que os cavalos falam, e os cocheiros lhes dirigem a palavra todos os dias; mas é com tanta grosseria, e proferindo palavras tão infames, que os cavalos, que antes amavam muito vocês, agora, os detestam.

O país onde mora seu charmoso desconhecido, o mais perfeito dos homens, é o único onde sua espécie sabe ainda amar a nossa e falar com ela; e é a única região da Terra onde os homens são justos.

– E onde fica esse país do meu querido desconhecido? Qual é o nome desse herói? Como se chama seu império? Pois não acreditarei que ele seja um pastor, bem como você seja um morcego.

– O país dele, senhora, é o dos gangárides, povo virtuoso e invencível que habita a margem oriental do Ganges. O nome do meu amigo é Amazan. Ele não é rei, nem sei se desejaria se rebaixar a tanto; ele ama demais seus compatriotas: é pastor como eles. Mas não imagine que esses pastores se assemelhem aos seus, que mal cobertos com trapos rasgados vigiam as ovelhas infinitamente mais bem vestidas do que eles, que gemem sob o fardo da pobreza. E que pagam a um fiscal a metade de suas magras remunerações que recebem de seus patrões. Os pastores gangárides, nascidos todos iguais, são os donos dos inumeráveis rebanhos que cobrem seus campos eternamente floridos. Nunca os matam. É um crime horrível, na região do Ganges, matar e comer seu semelhante.

Capítulo IX
As cartas de Amabed
("Segunda carta de Amabed para Xastasid")*

Deploro esses infelizes europeus, que foram criados há apenas 6.940 anos, quando muito, enquanto nossa era é de 115.652 anos; deploro ainda por faltar-lhes pimenta, canela, cravo,

---

* Neste conto, publicado em 1769, Amabed, um rapaz de Benares, aprende italiano com um jesuíta, o padre Fa Tutto. O missionário aproveita as lições que ele dá ao jovem para tentar evangelizá-lo, porém, o aluno entende muito bem a superioridade do hinduísmo sobre o cristianismo – essa religião recente e brutal – para abjurar a fé de seus ancestrais. Nessa "segunda carta", Amabed compartilha com Xastasid, seu antigo mestre, as reflexões que a Europa e os europeus lhe inspiram.

chá, café, seda, algodão, verniz, incenso e tudo aquilo que torna a vida agradável: a Providência deve tê-los esquecido durante muito tempo; mas os deploro ainda mais por virem de tão longe, em meio a tantos perigos, arrebatar de arma em punho nossas vitualhas. Dizem que cometeram, em Calicute,[1] espantosas crueldades por causa da pimenta: isso abala a natureza indiana, que é completamente diferente da deles; seus peitos e coxas são peludos; eles usam longas barbas; seus estômagos são carnívoros; eles se embriagam com o suco fermentado da videira, plantada, segundo eles, pelo Noé deles. O próprio padre Fa Tutto, por mais polido que seja, degolou dois franguinhos; os cozinhou numa caldeira e os comeu impiedosamente. Essa ação bárbara provocou o ódio de toda vizinhança, que deu trabalho para acalmar. Deus me perdoe! Penso que esse estrangeiro seria

---

1 Cidade do estado de Kerala, na Índia.

capaz de comer nossas vacas sagradas, que nos dão leite, se o tivéssemos permitido. Ele prometeu que não mais mataria os frangos e que se contentaria de ovos frescos, laticínios, arroz, nossos excelentes legumes, pistaches, tâmaras, cocos, doces de amêndoas, biscoitos, abacaxis, laranjas e tudo aquilo produzido pelo nosso clima abençoado pelo Eterno.

Capítulo X
O diálogo entre um capão e uma franga*

O CAPÃO – Ai, meus Deus! Minha galinha, você está triste, o que você tem?

---

* Em 1763, Voltaire publicou *O diálogo entre um capão e uma galinha*, que os críticos, reticentes, julgaram durante muito tempo "estranho" ou um pouco fútil. Essa meditação, amarga e cômica, sobre o vegetarianismo e sobre a violência que os homens exercem contra os animais merecia maior destaque. É preciso notar que Voltaire faz da carnificina uma outra expressão do *infame*. [Para Voltaire, *infame* é superstição, intolerância, fanatismo, tudo contra o que ele sempre lutou. Ele assinava seus escritos com a abreviatura "Ecr.L'inf." (*Écrasons l'infâme*), ou seja, *Aniquilemos o infame*. (N. T.)]

A FRANGA[1] – Meu querido amigo, pergunte-me ao contrário, o que eu não tenho mais. Uma maldita criada me colocou sobre seus joelhos, me enfiou uma longa agulha no traseiro, pegou minha matriz,[2] a enrolou em volta da agulha, a arrancou e deu para seu gato comer. Aqui estou, incapaz de receber os favores do cantor do dia e de botar ovos.

O CAPÃO – Que pena! Minha bela, eu perdi mais do que você. Eles me fizeram uma operação cruel: nem você nem eu teremos mais consolação nesse mundo; eles fizeram de você uma franga, e de mim, um capão. A única ideia que alivia meu estado deplorável é que, por esses dias perto do meu galinheiro, ouvi a con-

---

1 No original, *poularde*, frango de poucos meses destinado a um tratamento intensivo de engorda, tendo, por fim, a excelência de sua carne após abate. Na França, a *poularde de Bresse*, que sofre esse processo, é famosa pelo sabor de sua carne. (N. T.)
2 Em francês, *matrice* – "útero". (N. E.)

versa de dois abades italianos que sofreram o mesmo ultraje para que pudessem cantar diante do papa com uma voz mais límpida. Diziam que os homens começavam por circuncisar seus semelhantes e acabavam por castrá-los: eles amaldiçoavam o destino e o gênero humano.

A FRANGA – O quê? Então é para que tenhamos uma voz mais cristalina que nos privaram da nossa porção mais importante?

O CAPÃO – Infelizmente, minha pobre franga, é para nos engordar e para que a carne fique mais macia.

A FRANGA – Ah bom! Quando ficarmos mais gordos, eles ficarão também?

O CAPÃO – Sim, pois eles têm a intenção de nos comer.

A FRANGA – Nos comer? Ah, que monstros!

O CAPÃO – É o costume deles. Eles nos aprisionam durante alguns dias, obrigam-nos a engolir uma pasta da qual eles têm o segredo, furam nossos olhos para que não tenhamos distração; finalmente, quando chega o dia da festa, arrancam nossas penas, cortam nossa goela e nos assam. Levam-nos diante dos convivas dentro de uma grande travessa de prata, cada um diz o que pensa de nós e fazem nossa oração fúnebre: um diz que temos gosto de avelã; outro elogia nossa carne suculenta; elogiam nossas coxas, nossos braços, nosso traseiro; e nossa história nesse mundo abjeto estará encerrada para sempre.

A FRANGA – Que bandidos abomináveis! Estou quase desmaiando. O quê?! Vão arrancar meus olhos! Vão me degolar! Serei assada e comida! Esses canalhas não sentem remorso?

O CAPÃO – Não, minha amiga. Os dois abades, sobre os quais lhe falei, diziam que os homens nunca têm remorso das coisas que costumam fazer.

A FRANGA – Que escória detestável! Aposto que, ao nos comer, ainda riem e contam coisas engraçadas, como se nada houvera.

O CAPÃO – Adivinhou, mas saiba, para seu consolo (se isso for um), que esses animais, bípedes como nós, mas muito inferiores, pois não têm penas, tinham o mesmo costume com seus semelhantes. Ouvi desses abades que todos os imperadores cristãos e gregos sempre furavam os olhos de seus primos e de seus irmãos. Até mesmo, no país onde estamos, havia um chamado de Piedoso que mandou arrancar os olhos de seu sobrinho Bernard.[3] Mas, quando se trata de assar homens, essa era uma prática muito comum entre a espécie. Meus dois aba-

---

3 Luís I (778-840), chamado de Luís, o Piedoso, era filho de Carlos Magno. Foi rei da Aquitânia em 781, depois imperador do Ocidente em 813. Seu sobrinho, Bernard, reinava na Itália, mas Luís I o depôs para oferecer seu reino ao próprio filho. Bernard se revolta em vão contra seu tio, que ordena que os olhos dele fossem queimados com ferro incandescente.

des diziam que mais de 20 mil foram assados por razões que são difíceis para um capão explicar, e que não vêm ao caso.

A FRANGA – Aparentemente era para comê-los que foram assados.

O CAPÃO – Eu não ousaria ter essa certeza. Lembro-me bem ter ouvido nitidamente que existem países, e dentre eles o dos judeus, onde os homens, às vezes, comem uns aos outros.

A FRANGA – Pula isso. É justo que uma espécie tão perversa se devore ela própria, e que a Terra se livre dessa raça. Mas eu, que sou pacífica, que nunca fiz mal, que até alimentei esses monstros com meus ovos, ser castrada, cega, degolada, e assada! Tratam-nos assim no resto do mundo?

O CAPÃO – Os dois abades dizem que não. Eles asseguram que em um país chamado Índia, muito maior, mais bonito, mais fértil, os homens têm uma lei sagrada que há milhares de séculos os proíbem de nos comer. Um homem chamado Pitágoras, tendo viajado entre povos justos, trouxe essa lei humana para a Europa que foi seguida por todos seus discípulos. Esses bons abades liam Porfírio, o Pitagórico, que escreveu um belo livro contra os espetos.

Oh, o grande homem! Divino homem esse Porfírio! Com que sabedoria, com que força, com que afetuoso respeito pela divindade ele prova que somos os aliados e os parentes dos homens, que Deus nos deu os mesmos órgãos, os mesmos sentimentos, a mesma memória, o mesmo germe desconhecido do entendimento que se desenvolve dentro de nós até um ponto determinado pelas leis eternas e que nem os homens nem nós nunca ultrapassamos! Na verdade, minha querida galinha, não seria uma afronta à divindade dizer que temos sentido para não sentir, um cérebro para não pensar? Essa imaginação digna, segundo o que diziam, de um louco chamado Descartes, não seria o cúmulo do ridículo e a vã desculpa da barbárie?

Ademais, os maiores filósofos da Antiguidade nunca fizeram churrasco de nós. Eles procuravam aprender nossa linguagem e descobrir nossas propriedades tão superiores às da espécie humana. Com eles, estávamos seguros como na Idade de Ouro. Os filósofos não matam os animais, disse Porfírio, apenas os bárbaros e os padres os matam e comem. Ele fez esse admirável livro para converter um de seus discípulos que se tornou cristão por gula.

A FRANGA – Que bom! Ergueram altares para esse grande homem que ensinava a virtude ao gênero humano e que salvava a vida do gênero animal?

O CAPÃO – Não, caiu em desgraça aos cristãos que nos comem e que ainda hoje em dia detestam sua memória. Dizem que ele era ímpio e que suas virtudes eram falsas, visto que era pagão.

A FRANGA – A gula tem preconceitos horrorosos! Outro dia estava ouvindo, nessa espécie de celeiro perto do nosso galinheiro, um homem que falava sozinho diante de outros que não falavam. Ele bradava que "Deus havia feito um pacto conosco e com esses outros animais chamados homens, que Deus lhes proibira alimentar-se com nosso sangue e com nossa carne". Como eles podem acrescentar à essa proibição positiva a permissão de devorar nossos membros cozidos ou assados? É impossível, ao cortarem nosso pescoço, que não sobre muito sangue nas nossas veias; esse sangue se mistura necessariamente com nossa carne, portanto, desobedecem visivelmente a Deus ao nos comer. Além disso, não é um sacrilégio matar e devorar pessoas com quem Deus fez um pacto? Seria um tratado esquisito se a única cláusula seria nos livrar da morte. Ou nosso criador não fez pacto conosco, ou é um crime nos comer e nos assar. Não há meio termo.

O CAPÃO – Não é a única contradição que vigora entre esses monstros, nossos eternos inimigos. Há muito tempo eles são criticados por não estarem de acordo com nada. Fazem leis apenas para violá-las; e o pior é que eles a violam conscientemente. Inventaram cem subterfúgios, cem sofismas para justificar suas transgressões. Eles se servem do pensamento apenas para autorizar suas injustiças, e empregam as palavras para disfarçar seus pensamentos. Imagine que, no pequeno país onde vivemos, é proibido nos comer em dois dias na semana.[4] Sempre acham um meio de burlar a lei. Aliás, essa lei, que pode lhe parecer favorável, é cruel: ela exige que durante esses dias todo mundo coma os habitantes das águas. Eles vão

---

4 A Igreja Católica, de fato, obrigava a abstinência de alimentos "gordurosos" aos seus fiéis, isto é, carne (e, às vezes, também certos produtos derivados de leite ou de ovos) às quartas e sextas-feiras. A mesma proibição vigorava durante os quarenta dias da Quaresma, por ocasião do Advento e em alguns outros dias do calendário litúrgico. Nesses dias "magros", o peixe era autorizado e muito consumido por aqueles que podiam pagar por essa refeição às vezes faustosa.

procurar as vítimas no fundo dos mares e dos rios. Eles devoram as criaturas que, muitas vezes, uma única delas custa mais do que o preço de cem capões. Eles chamam isso de jejuar, se mortificar. Então, não acredito que seja possível imaginar espécie mais ridícula e ao mesmo tempo mais abominável, mais extravagante e mais sanguinária.

A FRANGA – Ai, meus Deus! Não é aquele moço da cozinha que está vindo ali com seu facão?

O CAPÃO – Acabou, minha amiga, nossa derradeira hora chegou. Encomendemos nossa alma a Deus.

A FRANGA – Tomara que eu dê ao bandido que me comer uma indigestão que o leve à morte! Mas os pequenos se vingam dos poderosos com desejos inúteis, e os poderosos nem ligam.

O CAPÃO – Ai! Pegaram-me pelo pescoço. Perdoemos nossos inimigos.

A FRANGA – Eu não posso. Estão me apertando, me levando. Adeus, meu querido capão.

O CAPÃO – Adeus, por toda eternidade, minha querida franga.

Posfácio
"A gula tem terríveis preconceitos!"

Renan Larue

Voltaire revela maliciosamente ter lido mais livros sobre medicina do que Dom Quixote possa ter lido sobre cavalaria.[1] Na verdade, ele procurava nos anais dos médicos do seu tempo remédios para as diversas enfermidades que o afligiam. O eminente homem sofria de perda prematura dos dentes, enxaqueca, cegueira temporária, sensibilidade extrema ao frio, distúrbios nervosos, fraqueza, magreza excessiva,

---

[1] Carta D14977, de acordo com a classificação de Theodore Besterman.

terríveis dores abdominais e câncer de próstata, que o matou aos 84 anos. Seus problemas de saúde, como gostava de relatar, começaram na adolescência quando os jesuítas, seus bons professores do colégio Louis-le-Grand, se acostumaram a sodomizá-lo, para maior glória de Deus.[2]

Após vários anos meditando sobre o funcionamento do corpo humano e se automedicando com toda espécie de remédio, Voltaire chegou à conclusão de que a medicina não serve quase para nada e que os médicos são sobretudo charlatões – o que não o impedia de frequentar assiduamente Théodore Tronchin, um dos mais célebres entre eles. A esse médico, assim como a maioria de seus correspondentes, Voltaire invocava incansavelmente por causa de sua saúde

---

2 Sobre esse episódio, que Voltaire teria relatado a Pope, ver André-Michel Rousseau. *L'Angleterre et Voltaire*. Oxford: Svec, 1976. t.1, p.113.

debilitada, da iminência de sua morte, das dores causadas por seus intestinos e dos enemas que ele se administrava para amenizar a dor. Essas queixas não eram de um homem vítima sobretudo de hipocondria, como mostraram Jacques Bréhant e Raphaël Roche: Voltaire vivia realmente um martírio.[3]

A temperança pareceu-lhe o melhor remédio para seus males e para os amigos que lhe faziam bem. Voltaire se submeteu a uma dieta rigorosa e parece que até se absteve da carne, pelo menos temporariamente. "Não como mais carne", escreveu, por exemplo, para sra. Denis, sua sobrinha, em 1769. "Não como nem carne nem peixe", explicou ao seu médico dez anos mais tarde; enfim, ele se sentia mais "pitagórico" do que Philippe de Sainte-Aldegonde, um

---

3 Ver Jacques Bréhant e Raphaël Roche. *L'Envers du roi Voltaire: quatre-vingts ans de la vie d'un mourant*. Paris: Nizet, 1989.

puro vegetariano que Voltaire recebeu durante alguns dias na sua propriedade de Ferney, perto de Genebra.[4]

Essas privações alimentares não foram fáceis. Voltaire se queixava amargamente de ter se tornado espectador dos prazeres gastronômicos de seus vizinhos de mesa e de desempenhar o papel, de certa forma, do "eunuco do harém, que a tudo assiste e nada faz".[5] Entretanto, o filósofo era resignado. Sabia muito bem que alguns desgostos advindos da frugalidade não eram nada em comparação aos tormentos causados por uma má digestão.

Voltaire, que parece convencido das virtudes dietéticas do vegetarianismo, nunca fala sobre isso em suas obras. Em compensação, menciona repetidas vezes e favoravelmente as

---

4 Ver respectivamente as cartas D15565, D21162 e D210001.
5 Carta D10303.

causas antropológicas, teológicas e morais dessa dieta. Em seus escritos, o vegetarianismo é uma "doutrina humana" e até uma "admirável lei que proíbe comer os animais, nossos semelhantes".[6] Em diversos ensaios e obras de ficção, ele se posiciona a favor dos padres da Índia, que recusam derramar o sangue dos animais, defende a compaixão pelos animais de matança, promove seus personagens vegetarianos à condição de protagonistas e, às vezes, deixa transparecer sua raiva contra a humanidade carnívora.

Esses textos durante muito tempo preocuparam os especialistas de Voltaire. Na maioria das vezes, observaram um silêncio prudente e inquietante sobre eles, ou porque não sabiam o que pensar, ou porque não conseguiam se livrar de seus próprios preconceitos sobre o vegeta-

---

[6] Ver respectivamente o verbete "Carne" de *Questions sur l'Encyclopédie* e "Aventura indiana" que reproduzimos acima.

rianismo. Até recentemente, esse regime não era de fato considerado como a consequência ridícula de um antropomorfismo absurdo e talvez mesmo obsceno? Não se ouvia repetidamente que os vegetarianos eram idiotas vítimas de seu sentimentalismo e inimigos do gênero humano? O quê? O advogado de Calas e de Sirven, o autor genial de *Cândido* e de *Zaire*, o apóstolo glorioso da tolerância, o campeão do Iluminismo, o herói de seu século teria se rebaixado a ter pena dos animais e a condenar seus carrascos!

A atitude dos críticos a respeito do vegetarianismo voltairiano traduz também e, principalmente, uma dificuldade em observar nessa prática questões que ultrapassam de forma ampla os hábitos culinários. A adoção desse regime – e ainda mais do veganismo – na verdade é condizente com uma violenta denúncia ao antropocentrismo; ela evidencia os limites da caridade dos cristãos (que recusam estender a benevolência além dos limites da humanidade) e torna necessário recriar a justiça fazendo da capacidade de sofrer o critério essencial da atribuição dos direitos.

Em suas obras, Voltaire mostra-se advogado do vegetarianismo: a leitura do "É preciso tomar partido", por exemplo, ou de alguns trechos de "A princesa da Babilônia" não dá margem a dúvida. O filósofo recusa mais ainda o carnismo, essa antiga ideologia que não se identifica e segundo a qual Deus, ou a natureza, ou o direito do mais forte, permitiria à espécie humana matar os membros das outras espécies e comer sua carne. Para legitimar seus hábitos alimentares, os carnívoras estão persuadidos que os animais foram feitos desde sempre para serem devorados pelos homens, que eles não têm alma espiritual, são incapazes de raciocínio e que não sofrem verdadeiramente quando são maltratados.[7] Voltaire recusa firmemente cada uma dessas afirmações.

Primeiramente, não é verdade, Voltaire afirma, que a carne seja o alimento natural do ser humano já que, com seus "fracos dentes" e seu "frágil estômago", ele "não poderia absolutamente, sem a arte de um cozinheiro, digerir um frango".[8]

Não é verdade que a barriga dos homens seja a finalidade da existência dos animais. O consumo de carne, aliás, não tem nada de universal: "Os carneiros não foram absolutamente

---

7 Ao contrário de hoje em dia, os homens do século XVIII raramente afirmavam que o consumo de carne era absolutamente necessário ao homem, visto que os monges e as religiosas se abstinham durante o ano todo, que todos os fiéis renunciavam durante os dias magros e que a grande maioria dos camponeses quase nunca a experimentava. Os brâmanes, vegetarianos há milênios, não estão extintos, como lembra Voltaire. Sobre o carnismo, ver Melanie Joy, *Why We Love Dogs, Eat Pigs, and Wear Cows* (São Francisco: Connari Press, 2010).

8 *Le marsellais et le lion.*

feitos para serem cozidos e comidos, visto que outros países abdicam desse horror", lemos nas *Questões sobre a Enciclopédia*.[9]

Não é verdade que sejamos o cume e o centro da criação e que os animais tenham sido criados apenas para nos servir de alimento. Quando os homens estavam em estado natural, eles não subjugavam os animais, ao contrário, às vezes serviam-lhes de refeição: "Os primeiros ursos e os primeiros tigres que encontraram os primeiros homens não tiveram a mínima consideração com eles, principalmente se estivessem com fome", diverte-se Voltaire ao lembrar.[10] Não seria, então, mais justo afirmar que a espécie humana é *por natureza* feita para ser comida pelos animais carnívoros? Numa época em que a Terra deixou de ser o centro do cosmos, não

---

9 Ver o artigo "Causes finales" [Causas finais] das *Questões sobre a Enciclopédia*.
10 Notas do *Marseillais et le Lion*.

deveríamos abandonar nossa fantasia de escolha metafísica e se desfazer definitivamente da ilusão antropocentrista mantida por nossa vaidade? A alma espiritual, essa "ideia vazia" que tanto veneramos, aos olhos de Voltaire, não passa de uma invenção dos teólogos que encontraram nisso um jeito cômodo de nos distinguir de outros animais e justificar a opressão exercida sobre eles. É justamente porque a diferença entre eles e nós seja apenas de grau e não de natureza que devemos demonstrar compaixão pelos animais.

Finalmente, não é verdade que os animais sejam apenas máquinas. Voltaire sempre execrou o pensamento de Descartes. Sua inconsequência mais grave (e a dos seus discípulos) teria sido, segundo ele, afirmar que os animais não sentem nada, nem mesmo dor. O autor do *Discurso do método* acreditava demover do homem qualquer escrúpulo carnívoro e reabilitar Deus da responsabilidade do sofrimento dos animais. Que loucura! Sua odiosa e ridícula doutrina, essa "inútil desculpa da barbárie", completava a disposição de rebaixamento dos animais começada na Antiguidade. Essa doutrina levou a um ponto que nem os piores inimigos do gênero animal – os estoicos e, depois, os cristãos – haviam imaginado. E ela prosperou: esse crime de Descartes contra o bom senso ainda beneficia amplamente todos aqueles que tiram vantagem do sofrimento dos animais. Nossos zootécnicos agora consideram os animais como máquinas que produzem cada vez mais ovos, leite ou carne. Não explicam que é absurdo exagerar as dores desses seres mutilados, privados da luz do dia e da liberdade de movimento? Não ouvimos ainda hoje essa abominável cantilena entre os comedores de carne?

Ses talents l'ont décisé
L'Europe moderne l'honore:
Jadis à ses autels elle eut sacrifié.

Ce qui flate mon cœur, et m'est
plus cher encore,
Il a pour moi de l'amitié.

Dessiné par P. A. Wauzel au C^{teau} de Ferney en 1764. et Gravé par J. B. Michel,
d'après le Dessein qui est dans le Cabinet de M^r le Marquis de Villette.

Vida de Voltaire

1694 – Nascimento em Paris de François-Marie Arouet, em 21 de novembro, no seio de uma família abastada. Seu pai é tabelião, depois, conselheiro do rei.

1701 – Falece a mãe de François-Marie. Ele é criado por sua irmã, Marie-Marguerite.

1704-1711 – Estudos no prestigioso colégio Louis-le-Grand, mantido pelos jesuítas. O jovem Arouet se revela um aluno brilhante, especialmente em retórica e filosofia. Frequenta ambientes libertinos, compõe versos e uma tragédia.

1711 – Inscrição na faculdade de direito de Paris.

1713 – Torna-se secretário do embaixador da França em Haia.

1714 – De volta à França, trabalha em Paris no gabinete de um tabelião.

1717 – Encarceramento durante onze meses na Bastilha por ter escrito contra o Regente.

1718 – Primeiro grande sucesso literário com o triunfo de sua tragédia *Édipo*. Começa a usar o pseudônimo Voltaire.

1722 – Falecimento de seu pai. Viagem para Holanda e para Bélgica.

1723 – Voltaire contrai varíola.

1726 – Briga com o Cavaleiro de Rohan, que o derrotou. Voltaire se exila na Inglaterra.

1728 – Volta para França.

1732 – Sucesso triunfal da sua peça *Zaire*.

1733 – Voltaire encontra Émilie du Châtelet, que se torna sua amante.

1734 – Publicação das *Cartas filosóficas*, que causam escândalo. Ameaçado de prisão, Voltaire se refugia em Cirey, em Champagne, na casa de Émilie du Châtelet. Com ela, ele se apaixona pela física e pela matemática.

1738 – Publicação dos *Elementos da filosofia de Newton*.

1739 – Publicação das *Oeuvres de M. de Voltaire* [Obras do sr. Voltaire].

1745 – Voltaire torna-se "historiógrafo do rei".

1746 – Admissão na Academia francesa, torna-se também "nobre ordinário do quarto do rei".

1747 – Partida para Luneville, na corte do rei Stanislas.

1748 – Publicação de *Zadig*.

1749 – Morte de Émilie du Châtelet.

1750 – Estadia em Postdam junto ao rei da Prússia, Frederico II.

1752 – Lançamento de *Micromégas*.

1755 - Instalação na propriedade chamada Délices, perto de Genebra.

1759 – Publicação de *Cândido*.

1760 – Instalação em Ferney, perto da fronteira suíça.

1762 - Voltaire se manifesta em favor de Jean Calas, acusado injustamente de ter matado seu filho. No ano seguinte, publicou *Tratado sobre a tolerância*.

1763 - Publicação de "O diálogo entre um capão e uma franga".

1764 – Publicação do seu *Dicionário filosófico*.

1765 – Publicação de *A Filosofia da história*. Reabilitação de Calas.

1765-1766 – O jovem cavaleiro de La Barre é torturado e decapitado por não ter tirado o chapéu durante a passagem de uma procissão, e por ser suspeito de ter danificado um crucifixo. Seu corpo é queimado junto a vários exemplares do *Dicionário filosófico*. Voltaire consegue reabilitar o jovem.

1766 – Publicação de *Aventura indiana*.

1768 – Publicação de *A princesa da Babilônia*.

1769 – Publicação de *As cartas de Amabed*.

1770-1772 – Publicação dos nove volumes de *Questões sobre a Enciclopédia*.

1775 – Publicação de *É preciso tomar partido*.

1778 – Volta para Paris, onde é recebido triunfalmente. Sucesso de sua peça *Irene*. Morre coberto de glória em 30 de maio de 1778.

1791 – Transferência de suas cinzas para o Panteão.

Referências bibliográficas

Fontes

"Il faut prendre un parti". In: *Oeuvres complètes*. Paris: Garnier, 1877-1885. t.28, p.534-5.

"Tratado sobre a tolerância". Ibid. t.25, p.66-7. [Ed. bras.: *Tratado sobre a tolerância*. São Paulo: L&PM, 2008.]

"Bêtes". In: *Dictionnaire philosophique*. Ibid. t.17, p.565-7. [Ed. bras.: *Dicionário filosófico*. São Paulo: Lafonte, 2018.]

"Viande". In: *Questions sur l'Encyclopédie*. Ibid. t.20, p.575-7.

"Éléments de la philosophie de Newton". Ibid. t.22, p.421. [Ed. bras.: *Elementos da filosofia de Newton*. Campinas: Editora da Unicamp, 2015.]

"La philosophie de l'histoire". Ibid. t.11, p.49-50. [Ed. bras.: *A filosofia da história*. São Paulo: WMF Martins Fontes, 2007.]

"Aventure indienne". Ibid. t.21., p.243-4. [Ed. bras.: *Aventura indiana*: contos. Rio de Janeiro: Cedibra, 1972.]

"La princesse de Babylone". Ibid. t.21 p.382-4. [Ed. bras.: *A princesa da Babilônia*. Belo Horizonte: Aletria, 2015.]

"Les lettres d'Amabed". Ibid. t.21, p.439.

"Le dialogue du chapon et de la poularde". Ibid. t.25, p.119-23.

Obras de Voltaire

Histoire des Croisades. Paris: Mille et une nuits, 2006. [Ed. bras.: *História das Cruzadas*. São Paulo: Madras, 2012.]

L'Ingénu. Paris: Mille et une nuits, 2001. [Ed. bras.: *O ingênuo*. Belo Horizonte: Garnier-Itatiaia, 2004.]

Le Fanatisme ou Mahomet le prophète. Paris: Mille et une nuits, 2007.

Lettres philosophiques. Paris: Mille et une nuits, 1999. [Ed. bras.: *Cartas filosóficas*. São Paulo: Martins Fontes, 2007.]

Micromegas. Paris: Mille et une nuits, 2001. [Ed. bras.: *Micrômegas*. São Paulo: Edipro, 2018.]

Oeuvres complètes. Oxford: Voltaire Foundation, 1968.

Oeuvres complètes. Paris: Garnier, 1877-1885.

Estudos sobre Voltaire

BRÉHANT, J.; ROCHE, R. *L'Envers du roi Voltaire*: quatre-vingts ans de la vie d'un mourant. Paris: Nizet, 1989.

GALLIANI, R. Voltaire, Porphyre et les animaux. In: *Studies on Voltaire*. Oxford: Voltaire Foundation, 1981. p.125-38.

MERVAUD, C. *Voltaire à table*. Paris: Desjonquères, 1998.

_____. *Bestiaires de Voltaire*. Oxford: Voltaire Foundation, 2006.

Estudos sobre o vegetarianismo

JEANGÈNE VILMER, J. *Anthologie d'éthique animale*. Apologie des bêtes. Paris: PUF, 2011.

JOY, M. *Why We Love Dogs, Eat Pigs, and Wear Cows*. São Francisco: Conari Press, 2010. [Ed. bras.: *Por que amamos cachorros, comemos porcos e vestimos vacas*. São Paulo: Cultrix, 2015.]

LARUE, R. *Le vegetarisme des lumières*. Paris: Garnier, 2014.

STUART, T. *The Bloodless Revolution. A Cultural History of Vegetarianism from 1600 to Modern Times*. Nova York; Londres: Norton, 2006.

SOBRE O LIVRO

Formato: 11,5 x 18 cm
Mancha: 19,7 x 33 paicas
Tipologia: Adobe Jenson Regular 13/17
Papel: Off-white 80 g/m² (miolo)
Cartão supremo 250 g/m² (capa)
1ª edição Editora Unesp: 2021

EQUIPE DE REALIZAÇÃO

Edição de textos
Maísa Kawata (Copidesque)
Jennifer Rangel de França (Revisão)

Diagramação
Eduardo Seiji Seki

Ilustração
Adaptação de obra de Giuseppe Arcimboldo

Assistência editorial
Alberto Bononi
Gabriel Joppert

Coleção Pequenos Frascos

A arte de pagar suas dívidas: E satisfazer seus credores sem desembolsar um tostão
Émile Marco de Saint-Hilaire

A história de Nicolas I, Rei do Paraguai e Imperador dos Mamelucos: Seguido de Últimas notícias vindas do Paraguai
Anônimo

Como escolher amantes e outros escritos
Benjamin Franklin

Diálogo no inferno entre Maquiavel e Montesquieu: Ou a política de Maquiavel no século XIX, por um contemporâneo
Maurice Joly

Em defesa das mulheres: Das calúnias dos homens – com um catálogo das espanholas que mais se destacaram nas ciências e nas armas
Juan Bautista Cubíe

Escritos sobre ciência e religião
Thomas Henry Huxley

Modesta proposta: E outros textos satíricos
Jonathan Swift

O filósofo autodidata
Ibn Tufayl

O teatro à moda
Benedetto Marcello

Reflexões e máximas
Vauvenargues (Luc de Clapier)

Regras para bem viver
Conde de Chesterfield, Robert Dosley, John Hill

Textos autobiográficos: E outros escritos
Jean-Jacques Rousseau

IMPRESSÃO E ACABAMENTO
Hawaií Gráfica e Editora